Uxmal: La historia de la antigua ciudad may..

Por Charles River Editors
Traducido por Areaní Moros

Fotografía de las ruinas de Uxmal
por Fernando Tomás

Sobre Charles River Editors

Charles River Editors provee servicios de edición y redacción original de calidad superior a lo ancho de la industria de publicaciones digitales, con la pericia para crear contenido digital para editoriales en una amplia gama de temas. Además de proveer contenido digital original para terceros, también republicamos las grandes obras literarias de la civilización, haciéndolas llegar a nuevas generaciones de lectores a través de libros electrónicos (ebooks).

Regístrese aquí para recibir notificaciones sobre libros gratis a medida que los publiquemos, y visite nuestra Página de autor Kindle para explorar las promociones gratuitas del día y nuestros títulos más recientes publicados en Kindle.

Introducción

Fotografía de las ruinas de Uxmal
Por Palimp Sesto

Uxmal

Muchas civilizaciones antiguas han influenciado e inspirado a las personas en el siglo XXI. Los griegos y romanos continúan fascinando a Occidente hoy en día. Pero, de todas las civilizaciones del mundo, ninguna ha intrigado tanto a las personas como los mayas, cuya cultura, astronomía, lengua y misteriosa desaparición siguen siendo cautivantes. En 2012 especialmente, hubo un enfoque renovado sobre los mayas, cuyo avanzado calendario llevó a muchos a especular que el mundo terminaría en la misma fecha en que termina el calendario maya, pero en todo caso, el enfoque en el escenario del "día del juicio final" eclipsó la verdadera contribución de los mayas a la astronomía, la lengua, los deportes y el arte.

Los mayas mantuvieron el poder en Yucatán durante más de mil años, y en el apogeo de su "periodo Clásico" (siglos III al IX EC), la ciudad de Uxmal fue uno de sus lugares más notables. Si bien no fue tan poderosa como como Tikal y otras ciudades, Uxmal aparentemente estaba a la vanguardia de la cultura maya, particularmente cuando de arquitectura se trataba. No obstante, aunque Uxmal utilizó terreno elevado para mostrar su prominencia, y las ruinas aún se encuentran entre los lugares más populares para los turistas en la región, el sitio permanece envuelto en misterio. Incluso aunque los académicos continúan trabajando en el sitio para seguir interpretándolo, todavía no está claro cuándo exactamente se fundó Uxmal, cuántas personas la llamaron su hogar, y cuándo fue abandonada, a pesar de la existencia de crónicas y leyendas orales mayas.

Lo que sí es evidente son las habilidades de los artesanos de Uxmal, ya sea mediante la construcción de estructuras como la Pirámide del Adivino, de cinco niveles, y el amplio Palacio del Gobernador, o adornado estructuras con arte y esculturas precisamente detallados. De hecho, a esta maestría puede acreditársele ayudar a preservar a Uxmal.

Uxmal: La historia de la antigua ciudad maya cubre la historia de la ciudad, así como la especulación y debate que la rodea. En conjunto con fotografías y una bibliografía, aprenderá sobre Uxmal como nunca antes, y en nada de tiempo.

Uxmal: La historia de la antigua ciudad maya

Sobre Charles River Editors

Introducción

Nota sobre los periodos de la historia maya

Este libro sigue el sistema tradicional que divide la historia maya en "periodos". Así como la historia europea es dividida entre los periodos antiguo y medieval dependiendo de si el Imperio romano había caído o no, hay una gran línea divisoria en la historia maya, entre periodos llamados Clásico y Posclásico.

El apogeo de la cultura e influencia mayas fue en el periodo conocido por los estudiosos mesoamericanos como el periodo "Clásico". Durante este tiempo, entre los siglos III y IX, la región estuvo dominada por dos grandes poderes o potencias, Tikal y Calakmul, ubicadas bastante al sur de Yucatán en las tierras altas del norte de Guatemala y en el Petén, respectivamente. Al oeste, el centro de México estaba dominado por las ciudades de Teotihuacán, Cholula y Monte Albán. Este fue un periodo de relativa estabilidad, aunque probablemente no se haya sentido así, pues las dinastías gobernantes de Tikal y Calakmul competían por el poder y libraron muchas guerras indirectas mediante sus numerosos estados clientes. Este periodo es comparable a la gran "guerra fría" entre Atenas y Esparta en la Antigua Grecia.

Así como el Imperio romano no colapsó en todas las áreas al mismo tiempo, el cambio del periodo Clásico al Posclásico ocurrió en diferentes lugares, de manera diferencial. El mundo clásico maya incluía una constelación de ciudades-estado organizadas en grandes confederaciones rivales y cambiantes. Estas ciudades, que incluían los famosos centros de Tikal, Palenque, Caracol y Calakmul, eran gobernadas por reyes que eran considerados semidivinos, y ampliamente conmemorados en monumentos de piedra. Sin embargo, con el tiempo las grandes ciudades del periodo Clásico colapsaron, una por una. Lejos de desaparecer, la cultura maya persistió, especialmente en la zonas rurales, y a lo largo del tiempo emergió una nueva serie de ciudades. Mientras que las principales ciudades clásicas estaban ubicadas en las tierras altas de lo que hoy es México y Guatemala, las ciudades del Posclásico, incluyendo a Chichén Itzá y Mayapán, surgieron en el norte, en la península de Yucatán. En términos generales, el periodo Posclásico duró desde el siglo X hasta la llegada de los españoles en el siglo XVI.

Nota sobre pronunciaciones y nombres

Si bien los antiguos mayas tenían su propio sistema de escritura, la conquista española finalmente erradicó el conocimiento de éste, por lo que las lenguas mayas se han escrito durante casi 500 años utilizando caracteres latinos adoptados del español por sacerdotes misioneros. No obstante, algunos de los sonidos en las lenguas mayas no se corresponden directamente con sonidos del español o el inglés, por lo que se necesita un poco de orientación para pronunciar correctamente.

La "X" se pronuncia como "SH" por lo que la ciudad maya de Yaxchilan se pronuncia "Ya-sh-i-laan".

La "Z" se pronuncia como una "S".

"HU" y "UH" se pronuncian como una "W", de forma que el nombre mexicano Teotihuacán se pronuncia "Teo-ti-wa-caan".

La lengua maya se caracteriza por la ausencia de las consonantes d, g, r, y f, y en contraste, por el uso en la ortografía de un apóstrofe (') para marcar un sonido que no figura en la mayoría de los idiomas europeos, llamado oclusión glotal. Esto representa una detención del aire en la garganta, un poco como la deglución del "TT" en "*LITTLE*" cuando lo pronuncia un inglés de Cockney (que en la ortografía maya se escribiría "li'le"). La oclusión glotal se considera una consonante.

A medida que los estudiosos han aprendido cada vez más a leer el sofisticado sistema de escritura dejado por los mayas, han adquirido una comprensión más sutil de sus prácticas de nomenclatura. En términos generales, solamente los nombres de reyes y reinas, así como de algunos otros individuos, se mencionan en los registros, y los primeros arqueólogos usaron nombres que describían los glifos de nombres, como "Cielo Tormentoso", "Hocico Enrollado" o "Gran Pata de Jaguar". Hoy en día es posible reconstruir los sonidos de nombres como Siyaj Chan K'awiil II, Yax Nuun Ayiin I, o Chak Tok Ich'aak I, pero estos nombres son bastante largos y contienen muchos elementos repetitivos (al igual que la repetición continua de los nombres Jorge y Eduardo entre los reyes ingleses).

Estatua de jade que representa a Jasaw Chan K'awiil I

El nombre Uxmal se pronuncia "Ush-Maahl" y el nombre tiene una raíz maya: "construido tres veces". A diferencia de los nombres de algunas ciudades mayas ("Tikal" era probablemente llamada "Yax Mutal" por sus residentes), este es probablemente el nombre original de la ciudad. Dicho esto, la razón exacta detrás del nombre se ha perdido en la historia, pero se ha argumentado que se refiere al céntrico Templo del Adivino, que contiene tres templos anteriores, más pequeños.[1]

---

1   http://yucatan.for91days.com/uxmal-thrice-built-home-of-the-dwarf-king/

Descripción del sitio

Fotografía del frente del Palacio del Gobernador

"Tomamos otro camino, y, emergiendo repentinamente del bosque, para mi sorpresa llegué enseguida a un gran campo abierto cubierto de montículos de ruinas, y enormes edificios y terrazas, y estructuras piramidales, grandiosas y en buen estado de conservación, ricamente adornadas, sin un arbusto que obstruya la vista, y en pintoresco efecto casi igual a las ruinas de Tebas... el lugar del que estoy hablando fue alguna vez sin lugar a duda una ciudad grande, populosa y altamente civilizada. Quién la construyó, por qué estaba situada lejos de agua o cualquiera de esas ventajas naturales que han determinado los sitios de ciudades cuyas historias se conocen, qué llevó a su abandono y destrucción, ningún hombre puede decir". – John Lloyd Stephens, *Incidentes de viajes en América Central, Chiapas & Yucatán*, 1843.[2]

La ciudad de Uxmal, que alguna vez albergó un estimado de 20.000 personas en su núcleo urbano y muchos miles más en granjas periféricas y ciudades vasallas, es la más septentrional de las ciudades-estado de la región de Puuc que prosperaron durante varios siglos en el norte de la península de Yucatán, comenzando en el siglo IX. Uxmal es una ciudad majestuosa incluso en su forma actual de ruinas, dominando el paisaje desde su posición en la cima de Puuc y mirando hacia la gran llanura de la selva de Yucatán. Desde lo alto de sus pirámides, sus antiguos

---

2   Citado en: "Uxmal" en *MayanRuins.com* accesible en línea en: http://mayaruins.com/uxmal01.html

gobernantes deben haber podido ver buena parte de su reino.

Si bien con el tiempo Uxmal sería reemplazada en poder económico y político por las ciudades de las tierras bajas, Chichén Itzá y Mayapán, mantendría su majestuosa gloria mucho después de la llegada de la ciudad a la palestra, e incluso se convertiría en una venerada emperatriz viuda para esas ciudades posteriores. Incluso después de ser abandonada, los mayas siguieron acudiendo a sus ruinas con fines ceremoniales, y sus familias nobles rastreaban orgullosamente su ascendencia hasta sus salones.

Como todas las ciudades mayas, Uxmal está construida en torno a un núcleo ceremonial centrado en templos[3], y en Uxmal, este núcleo fue construido a lo largo de un eje norte-sur y tenía unos 30.000 metros cuadrados (100.000 pies cuadrados) de tamaño. El rol social del núcleo es comparable al área de Westminster en Londres: grandes edificios para la administración, viviendas reales, culto religioso y grandes reuniones y celebraciones públicas[4]. Dicho eso, una de las principales diferencias entre Uxmal y sus precursoras clásicas del sur es que la arquitectura monumental que domina el núcleo de la ciudad no está enfocada en el entierro y veneración de monarcas muertos, sino que está enfocada en instalaciones para el uso de los vivos. En otras palabras, las amplias plazas frente a las pirámides-tumbas (como la plaza central de Tikal) fueron reemplazadas como el punto focal de la ciudad por grandes salones y palacios alrededor de los patios centrales de Uxmal.[5]

La estructura más famosa en Uxmal es probablemente la "Pirámide del Adivino". Con una altura de 35 metros, está coronada por un templo, pero a diferencia de todas las demás pirámides mesoamericanas, la base de esta estructura es de forma elíptica, siendo las medidas más largas de sus lados de 85 metros por 50 metros.

La Pirámide tiene cinco cámaras que tradicionalmente se consideran templos, y que los arqueólogos han enumerado usando números romanos. El Templo V se ubica en la corona y es llamado la Casa del Adivino[6], y es conocido por sus impresionantes paneles de celosía. Justo por debajo de él en la estructura está el Templo IV, que era mucho más suntuoso en su decoración comparado con la relativa austeridad del Templo V. La puerta del Templo IV era enorme y estaba cubierta de mascarones zoomorfos, patrones geométricos y estatuaria. Dado que la entrada al Templo V no era visible desde el suelo, pero el Templo IV sí lo era, es probable que el IV fuera el espacio público central de culto[7]. Desde la distancia, a medida que los visitantes ascienden hacia el Templo IV, la fachada se cierne sobre ellos y parece ser las fauces de un

---

3 Un recorrido tridimensional de las ruinas reconstruidas se puede encontrar aquí: http://www.uxmal-3d.com/

4 Pohl (1999), pp.108 - 109

5 Pohl (1999), p. 106

6 Estos nombres en español e inglés fueron asignados a los sitios mucho después de su caída y no tienen relación con los usos mayas originales de los sitios. La Casa del Adivino probablemente fue nombrada en una inspiración de drama romántico, ya que la casa parecía flotar dramáticamente sobre el dosel.

7 Para una imagen de las dos entradas, visite: http://academic.reed.edu/uxmal/galleries/Mid/Uxmal/Magician/Uxmal-Magician-6.htm

monstruo terrible, y es solo cuando se llega a la cima que los complejos patrones de estatuaria y tallas se separan uno del otro[8]. Se ha argumentado que esta cara es el dios creador Itzamná[9], que a veces se representa como una gran serpiente.[10]

8   Pohl (1999), p. 110
9   "Uxmal Templo del Adivino". Accesible en línea en: http://inneroptics.net/mayan_kingdom_book/uxmal/
10 "Itzamná" en el *Diccionario de Mitología* (2012). Consultado en línea en: http://www.mythologydictionary.com/itzamna-mythology.html

Fotografías de la Pirámide del Adivino

Mapa de la distribución de la Pirámide del Adivino

Como sugiere esa descripción, la Pirámide del Adivino demuestra que Uxmal fusionó varios estilos arquitectónicos mientras buscaba su propia estética (lo que finalmente devendría en el estilo Puuc, detallado a continuación). El ornamentado Templo IV es de un estilo sureño más clásico, llamado Chenes, mientras que el más sencillo Templo V es de un estilo Puuc local.[11]

Al sur de la Pirámide del Adivino está el "Palacio del Gobernador" o la "Casa del Gobernador", que es a veces considerada como la mayor obra maestra de la arquitectura maya. El Palacio, que casi seguramente era un palacio real, es el edificio más grande en Uxmal y está construido sobre una plataforma que se colocó sobre otra plataforma (de 15 metros de altura). El palacio está construido con una distribución simple y armoniosa: un largo edificio central flanqueado por dos estructuras más pequeñas, unidas a éste por arcadas techadas. Los tres edificios comparten una línea de techo y se unen compartiendo su tarima elevada, con una sola escalera central.

El complejo también tenía una decoración de fachada de notable contraste. Las paredes exteriores inferiores, hasta un poco más arriba de las trece puertas idénticas, estaban cubiertas de estuco liso y sin decoración, pero encima de esto está la cornisa decorativa, una enorme superficie tallada, cubierta de imágenes de antepasados, deidades (especialmente Chaac, o Chaak, el dios de la lluvia), y elaboradas imágenes geométricas. Cada panel era, sin duda, una obra de arte comparable a los famosos frisos del Partenón en Atenas (ahora en exhibición en Londres). Los visitantes que se acercan a la escalera central encuentran a estos frisos particularmente impresionantes porque el edificio tiene una característica llamada "masa negativa", que significa que las paredes frontales se inclinan hacia adelante. De hecho, la base de la fachada está casi 60 centímetros más lejos de la escalera delantera que la cresta del friso. El efecto de esta característica cuidadosamente planificada es que los frisos parecen elevarse por encima, dando un drama adicional a la estructura. El interior de la estructura era igualmente espectacular, con arcos abovedados altos y amplias habitaciones pavimentadas.[12]

---

11 Pohl (1999), p.110
12 Pohl (1999), p. 112-113

Fotografías del Palacio del Gobernador

Frente al Palacio del Gobernador hay una amplia plaza, y al otro lado hay un desgastado trono de piedra tallada en la forma de un jaguar de dos cabezas. Si uno se parara en el centro del Palacio del Gobernador y mirara directamente hacia el trono, en línea recta detrás de él estaría la pirámide principal de la ciudad vasalla de Kabáh. El trono de jaguar bicéfalo parece haber sido un símbolo de la ciudad, pues aparece en tallas de piedra, incluida una del único rey conocido, el Señor Chac.

Fotografía del trono de piedra

Fotografías de la Gran Pirámide

Esculturas sobre el templo en la cima de la Gran Pirámide

La otra gran estructura dentro del centro ceremonial (que tiene varios templos más pequeños, canchas de juego de pelota y complejos residenciales de élite) se llama Cuadrángulo (o Casa) de las Monjas, debido a su similitud con un claustro español. Se cree que este fue el hogar de una de las familias de la élite de la ciudad, y es el más grandioso de los numerosos palacios en la ciudad. El complejo tiene cuatro edificios que rodean una plaza central, y está ubicado casi a los pies de la Pirámide del Adivino. Cada uno de los cuatro edificios es distinto también. Por ejemplo, el edificio Norte es el más grande y tiene 100 metros de largo y 7 de alto, con frisos que imitan varios de los temas encontrados en el Palacio del Gobernador.

El edificio Oeste está elaboradamente decorado con imágenes del gran dios del centro de México y de Chichén Itzá, Kukulkán la serpiente emplumada, el dios de la tierra, Pawahtún. El edificio Este es mucho menos imponente pero tiene tallas de serpientes de dos cabezas, mientras que los frisos del edificio Sur tienen representaciones de casas en miniatura y paneles de mascarones. Los arqueólogos han argumentado que la iconografía del edificio Norte está asociada con los cielos, el edificio Oeste con la tierra, y el edificio Sur con el inframundo. El edificio Este aún está siendo interpretado.[13]

---

13 Pohl (1999), pp. 111-112

El edificio Norte

El edificio Este

Los edificios Sur y Oeste

Una serpiente emplumada grabada en el Edificio Oeste

Aunque a menudo los turistas e incluso muchos arqueólogos lo pasan por alto, la mayor parte de la ciudad de Uxmal no se encuentra en los impresionantes edificios del núcleo ceremonial, sino en los barrios residenciales que se extienden hacia afuera. Después de todo, era allí donde la gran mayoría de la ciudadanía vivía y trabajaba, y como todas las ciudades maya, Uxmal estaba fuertemente dividida entre una pequeña élite y una enorme clase obrera bajo ellos.

Por supuesto, los edificios de habitación reflejaban esta división. La forma de vivienda más sencilla era (y en muchas áreas del Yucatán rural todavía lo es) de construcción con paja en el estilo de "postes y vigas", en este tipo de hogar, el constructor crea un marco de madera basado en cuatro postes de esquina, y una vez que este marco está en su lugar, las paredes exteriores se construyen atando postes horizontales entre los montantes en la parte superior e inferior y luego creando una cerca de ramas delgadas entre ellos. La casa resultante está solo semicerrada, así, mientras que los visitantes no pueden ver hacia adentro, los residentes pueden ver afuera y la brisa circula a través del edificio para aminorar el calor, a menudo opresivo. El techo de la casa está hecho de paja y el piso de la choza está hecho de tierra compactada que se puede limpiar fácilmente barriendo.

Mientras que los edificios centrales como la Pirámide del Adivino o el Palacio del Gobernador fueron seguramente planeados formalmente por arquitectos profesionales, la arquitectura vernácula de la casa maya común se construyó de manera menos sistemática. En términos generales, los edificios se construían en torno a un patio central que incluía espacio para jardines, quizás corrales para pavos, una cisterna llena de agua, y edificios auxiliares como una cocina (separada para evitar pérdidas por incendios y para mantener fresca la casa principal) y un baño (los mayas son meticulosamente limpios y a veces se bañan varias veces al día). A medida que crecía la familia extendida, podían añadirse nuevas habitaciones al perímetro del patio, incluyendo habitaciones separadas para los hijos solteros, nuevas habitaciones para parejas de recién casados, y otros cuartos de almacenaje. Este estilo de construcción sería reemplazado con el tiempo, si la familia tenía suficiente riqueza para construir paredes de piedra, por lo que un complejo familiar puede tener una combinación de edificios de madera y de piedra.

Como era de esperar, las casas de piedra blanca estucada tenían varias ventajas sobre sus predecesoras de madera. Entre ellas, no salían volando durante los huracanes periódicos, eran más seguras ante ladrones, permanecían más frescas que el exterior, y eran un símbolo del estatus de la familia. Dicho esto, incluso dentro de la construcción en piedra, había una gran variedad de piedras de diferentes calidades, así como una amplia gama de competencia entre los talladores y albañiles, lo que significaba que no toda construcción en piedra era igualmente prestigiosa. Como resultado, era posible para individuos muy adinerados demostrar su estatus mediante la construcción de impactantes edificios hechos de piedra excepcional, tanto en tamaño como en nivel de calidad.[14]

Incluso las casas de la élite tenían ciertas similitudes con las de los plebeyos. Como se describió anteriormente en el Cuadrángulo de las Monjas, los ricos también construían casas alrededor de patios centrales con muchas habitaciones orientadas hacia el interior, pero por supuesto, el Cuadrángulo también demostraba las diferencias entre las viviendas comunes y los mejores palacios de Uxmal. Por ejemplo, el Cuadrángulo de las Monjas tenía pisos pavimentados, tanto dentro de la casa como en el patio mismo, así como una prestigiosa plataforma o terraza elevada sobre la que se construía todo el complejo, techos de piedra con

---

14 "Gente que vivía en casas de piedra: Conocimiento local y diferencia social en la región maya clásica de Pucc en Yucatán, México", por Kelli Carmean, Patricia A. McAnany y Jeremy A. Sabloff (2011). En la revista *Latin American Antiquity* Vol. 22, No 2, pp. 143-158

arcos abovedados, y exteriores e interiores elaboradamente decorados.

Mientras las casas de los plebeyos desfrutaban de privacidad del exterior así como de la capacidad de ver hacia afuera a través de las paredes entrelazadas holgadamente, las élites consiguieron el mismo efecto al hacer que los talladores de piedra elaboraran celosías en piedra para sus paredes. Estas élites pusieron un gran esfuerzo en sus hogares, que parecen no solo estar construidos para la comodidad, sino también para ser capaces tanto de recibir, como de inspirar asombro en un gran número de invitados. La cultura de la clase dominante en Uxmal bajo el gobierno de su consejo parece haberse convertido en un sofisticado y elegante mundo de intriga que involucraba a familias rivales y la necesidad de entretener a gran escala. Los grandes de la Venecia renacentista habrían reconocido instantáneamente la interacción entre política y socialización que se desarrollaba en estas imponentes casas.

Vida cotidiana en Uxmal

Tras visitar las ruinas de casas tanto de plebeyos como de las élites, a los visitantes les quedan todo tipo de preguntas. ¿Cómo era la vida cotidiana de estas personas? ¿Cómo lidiaban con los eventos, grandes y pequeños, que marcaron sus vidas? La arqueología puede contarle mucho a los visitantes sobre arquitectura y ofrecer información sobre la vida económica, pero a menudo tropieza cuando se enfrenta con preguntas más intangibles y el descifrado de algunas de las partes más frágiles de la vida material, tales como la ropa y la comida. Para determinar las respuestas, los estudiosos deben suplementar los datos arqueológicos con información de fuentes coloniales y otras fuentes escritas que registraron la vida cotidiana en Yucatán, pero dado que estos documentos son necesariamente varios siglos posteriores al ápice de la influencia de Uxmal a finales del siglo IX, también deben tomarse con "un grano de sal", es decir, con sano escepticismo.

Las élites mayas, desde los días de las ciudades clásicas hasta la llegada de los españoles, se deleitaban adornándose con espectaculares atuendos, al menos para ocasiones ceremoniales. A principios del periodo Clásico, se creó un "traje" real, y permaneció notablemente estable a lo largo de los siglos, lo que en cierto sentido no sorprende, ya que las vestiduras ceremoniales de los monarcas europeos tampoco se han alterado significativamente en siglos y son a su vez basados en modelos del Imperio romano. La única buena imagen de un monarca en Uxmal es del famoso Señor Chac en la estela 14 (que también se analiza más adelante). En la imagen, está vestido como un monarca clásico tradicional, con un elaborado tocado de plumas, un *piercing* recto en la nariz, placas decorativas en las orejas, un collar de jade, taparrabos bordado y sandalias relativamente simples[15]. Esto muestra que a pesar de los cambios dramáticos que los líderes de Uxmal hicieron en su sistema político a lo largo del tiempo, mantuvieron al menos una conexión simbólica con la vida ritual de las cortes mayas clásicas.

---

15 Detalle de la Estela 14 puede encontrarse aquí:
   https://www.peabody.harvard.edu/CMHI/detail.php?num=14&site=Uxmal&type=Stela#

Representación del Señor Chac

Estela 14

Aparte de este traje muy específico, la indumentaria era probablemente bastante sencilla, y el misionero español Diego de Landa describió que los campesinos vestían ropa adecuada para el clima bochornoso de la región. Los hombres usaban un taparrabo, que consistía en una tira de tela de algodón que pasaba entre las piernas y se ajustaba con un cinturón de algodón de manera que las puntas colgaran hacia abajo frente a la ingle y cubrieran las nalgas. Las mujeres mayas (entonces y ahora) vestían *huipiles*, vestidos sencillos de algodón[16], y mantos cuadrados de algodón con agujeros en el centro. En sus pies, ambos sexos y todas las clases sociales, desde el

---

16 "El Huipil" en *Imágenes de los Mayas*. Accesible en línea en: http://www.flmnh.ufl.edu/maya/maya5.htm

rey hacia abajo, usaban sandalias hechas de piel de venado o cáñamo con una correa delgada entre los dedos.[17]

Naturalmente, si bien los tipos de ropa eran bastante uniformes, había bastantes variaciones y diferentes estilos. Para empezar, las prendas de algodón –los taparrabos, huipiles y mantos– eran a menudo decorados elaboradamente con bordados, y los taparrabos podían ser adornados con plumas coloridas que también eran valiosos artículos comerciales. Las élites se adornaban con joyería elaborada de jade, turquesa, concha y metal.

Además de la ropa relativamente simple, las personas practicaban una serie de formas de modificación corporal con fines de belleza, incluidos tatuajes, dientes limados, *piercings* (especialmente del septo nasal y las orejas), y "peinados tan finos como aquellos de las más coquetas mujeres españolas"[18]. Además de las ricas descripciones de Landa, los estudiosos pueden confirmar estos detalles gracias a los frescos pintados en las paredes de las ruinas, tallas en piedra de individuos señoriales y de sus sirvientes, y un puñado de libros de papel pintados.

La ropa puede haber tenido un propósito adicional más allá de demostrar el propio buen gusto y clase social (o falta de ellos). Por ejemplo, también puede haber indicado el lugar de origen del individuo. En el gran mercado maya guatemalteco de Chichicastenango, e incluso hoy en día en cada una de las aldeas mayas vecinas, las mujeres poseen un estilo de decoración de huipiles que es único de esa comunidad, marcando así a los individuos cuando acudían a mezclarse en la comunidad central (como habrían hecho en los mercados de Uxmal).[19]

Estos mercados habrían sido una de las principales razones para la existencia de Uxmal, además de sus roles político y religioso. Los arqueólogos han descubierto que para el momento de la fundación de Uxmal, la región maya ya había estado vinculada a una enorme red comercial durante siglos. Hacia el sur, se extendía hasta las selvas lluviosas de lo que hoy es Honduras, pero hacia el norte se extendió por todo el México actual hasta los estados estadounidenses de Arizona, Nuevo México, Texas e incluso Colorado y Utah. Entre los productos comerciales de larga distancia que circulaban regularmente se incluían algodón, sal, granos de cacao, jade, turquesa, espejos de plata bruñida, campanas de cobre, conchas de mar, plumas coloridas, finas herramientas de piedra, y cerámicas excepcionales.

A nivel local, Uxmal habría servido como el nexo para una red mucho más localizada que traía bienes de las granjas y bosques cercanos, que incluían maíz, frijoles, calabaza, chiles, fruta, caza silvestre, pavos, miel y cera silvestres, madera para fogatas y edificios, y otros materiales de construcción[20]. La dieta en Uxmal habría sido abundante en maíz, especialmente en forma de las

---

17 *Yucatán antes y después de la Conquista* por Fray Diego de Landa. William Gates (trad.) 1566 (1978). Dover Books, Pp. 33, 53-54

18 *Ídem*

19 *Chichicastenango: Una aldea guatemalteca* por Ruth Leah Bunzel (1967). University of Washington Press.

20 "Plantas y alimentos mesoamericanos". Accesible en línea en:

omnipresentes tortillas, y relativamente pobre en proteína a pesar del consumo de granos y caza silvestre (especialmente ciervo).[21]

Los mayas no tenían mercados permanentes como los bazares y *souqs* del mundo musulmán, pero parece que las élites urbanas organizaban mercados regularmente en las plazas centrales. De hecho, el vocablo maya para plaza, "k'iwik", es también el término utilizado para mercado. Los vendedores, tanto locales como de lugares distantes, se reunían en estos lugares céntricos y pagaban una tarifa a la administración de la ciudad, y a su vez, estas tarifas y los tributos que las élites tomaban de sus tierras en las comunidades circundantes formaban la espina dorsal del elaborado estilo de vida elitesco.

A medida que la ciudad creció en importancia, los líderes la conectaron cada vez más con las comunidades circundantes mediante carreteras elevadas. Tanto los mercados como las carreteras fueron cada vez más extensos y formalizados durante el periodo de dominio de Uxmal sobre la región, prefigurando la red comercial de Chichén Itzá, que abarcó todo el continente[22]. A diferencia de Chichén Itzá, que se especializaría en la exportación, primero de sal y luego de algodón, la vida económica en la ciudad de Uxmal no era tan especializada; en cambio, tendía a la importación principalmente de productos para el consumo de la élite y algunos para usos prácticos. Por ejemplo, la obsidiana para herramientas probablemente se importaba en bruto y luego se le daba forma localmente para satisfacer las necesidades de los clientes. Uxmal también servía como punto de redistribución, y sus exportaciones probablemente fueron de la variedad generalizada en el sur de Mesoamérica, incluyendo plumas coloridas, algodón y cacao.

---

http://clio.missouristate.edu/chuchiak/New%20Webpage%20Images/HST%20397---Theme%205---Mesoamerican_plants_and_foods.htm

21 de Landa 1566 (1978). Pp. 32-39, 93-101

22 "El elusivo Mercado maya: Una consideración arqueológica de la evidencia" por Leslie C. Shaw (2012) en *The Journal of Archaeological Research* Enero 2012. Recuperado en línea de: http://link.springer.com.libezproxy2.syr.edu/article/10.1007/s10814-011-9055-0/fulltext.html

Orígenes de la ciudad

Fotografía de una fachada conocida como el Patio o Cuadrángulo de los Pájaros

Fotografía de la Casa de las Palomas, tomada desde la Gran Pirámide

La civilización maya no se originó en Uxmal ni en ningún lugar cercano a la ahora venerable ciudad. En cambio, los pueblos mayas tienen su origen en el sur, en la región que ahora se conoce como las Tierras Altas de Guatemala, Belice y los estados mexicanos de Chiapas y Campeche. Estas tierras húmedas y montañosas dieron a luz una colección de complejas, grandes y perpetuamente enfrentadas ciudades-estado, como Tikal, Caracol, Calakmul y Palenque. Los habitantes de estas ciudades, el pueblo maya del Clásico, prosperaron entre los años 200 y 800 EC aproximadamente, construyeron imponentes templos y establecieron una elaborada mitología, astronomía, arquitectura, sistemas de irrigación y otras artes y ciencias.[23]

Para el siglo VIII, sin embargo, la sociedad maya Clásica estaba comenzando a sufrir un declive ecológico, político y demográfico. La agricultura siempre había sido relativamente

---

23 *El atlas de la arqueología mundial* por Paul G. Bahn (ed.) (2009). The Brown Reference Group Ltd, pp. 170-171.

precaria, principalmente porque su alimento básico central, el maíz, es pobre en proteínas comparado con otros cereales, y tenían pocos animales domesticados para suplementar su dieta. Además, la humedad impedía el almacenamiento fácil del maíz de una estación a otra. Cuando las poblaciones mayas alcanzaron su punto máximo a principios del siglo VIII, los campesinos desesperados comenzaron a talar los bosques de las laderas para producir más cultivos, pero eso provocó una gran erosión e inundaciones. En el 760, una devastadora sequía que duró cuatro décadas azotó la región, acabando con el suministro de alimentos para todas las poblaciones marginadas que se aferraban a las laderas.

La forma exacta en que ocurrió este colapso varió de un lugar a otro, pero habría sido un asunto gradual que vio el abandono de granjas erosionadas, la inundación de ciudades con mendigos y buscadores de trabajo, y monarquías cada vez más desesperadas comenzando guerras por recursos con sus vecinos. Por supuesto, la guerra habría llevado a más gente pobre a las ciudades, en forma de refugiados. Finalmente, hubo revueltas urbanas como la del año 850 en Copán, donde fue incendiado el palacio real. El orden político se vino abajo, con reyes bandidos pretendiendo ser monarcas, y que gobernaban sobre ciudades que se estaban desmoronando, sufriendo de hambre generalizada, disminución de las tasas de natalidad, acortamiento de la esperanza de vida, y declive general.[24]

Gracias a por lo menos algunos de estos factores, si no todos, en algún momento del siglo VIII EC, grupos de granjeros del montañoso corazón de la civilización maya comenzaron a migrar lentamente hacia el norte, a la península de Yucatán entre las ciudades modernas de Mérida y Cancún, a medida que huían de los reinos desmoronados. A diferencia de las poderosas dinastías de las grandes ciudades-estado que dejaron atrás, nadie sintió la necesidad de escribir sobre estas personas, quizá porque eran probablemente refugiados políticos o económicos que escapaban de la lenta crisis del colapso del mundo clásico maya. Sus descendientes todavía viven en Yucatán y hablan un idioma llamado maya-yucateco, cuyo primo más cercano es un lenguaje maya relativamente oscuro llamado "lacandón", que a su vez es hablado por algunos de los campesinos mayas más pobres y marginados que viven hoy en día en el estado de Chiapas cerca de las ruinas de las ciudades clásicas de Bonampak, Yaxchilán and Palenque[25]. Por consiguiente, podría sospecharse que al menos los primeros o los más numerosos de los migrantes que se dirigían al norte y crearon asentamientos en la selva de Yucatán se habrían originado en este rincón de las Tierras Altas mayas. Ciertamente, su experiencia agrícola en el paisaje similar de la Selva Lacandona les habría dado al menos la esperanza de poder sobrevivir en sus nuevos hogares.

Cualquiera que busque a los originadores de Uxmal y de toda la tradición cultural maya yucateca (incluyendo las ciudades de Mayapán y Chichén Itzá) debería primero buscar a estos humildes migrantes, quienes probablemente se movieron en grupos más grandes que una sola

---

24 *Colapso: Cómo las sociedades eligen fracasar o triunfar* (2005) por Jared Diamond, pp. 164-5
25 "Maya, Yucateco" y "Lacandón" en la página web *Ethnologue, Languages of the World*. Accesible en línea en: http://www.ethnologue.com/language/yua and http://www.ethnologue.com/language/lac.

familia. Si bien hay que ser cuidadoso al comparar grupos que se esparcieron a lo largo de casi mil años, los mayas en las regiones de Yucatán y Lacandón han demostrado un notable sentido de espíritu comunitario, incluida la migración como pueblos enteros para escapar de gobiernos opresivos[26], la participación en guerras de guerrilla en los siglos XIX y XX[27], y la fundación de una región de "Pueblos Autónomos" semiindependientes y completamente libres de control gubernamental durante el movimiento zapatista desde 1992 hasta hoy en día.[28]

Por lo tanto, si bien no puede decirse nunca con certeza, es probable que las aldeas de campesinos del moribundo paisaje en torno a Palenque y Yaxchilán decidieran en sus consejos de aldea abandonar el dominio de los reyes dinásticos del Clásico y trasladarse a una tierra dura en el norte para establecer nuevas aldeas. Con el tiempo suficiente, tal vez enviaron exploradores con anticipación para encontrar potenciales lugares habitables, o quizá sus decisiones se tomaron en un momento de crisis inmediata, sin el lujo de la caución, pero de cualquier manera, empacaron sus posesiones en los siglos VII y VIII y salieron de las historias escritas mayas oficiales de la época, al menos por un tiempo.

¿Qué encontraron cuando se mudaron al norte? Mientras que para el observador casual Yucatán parece ser una exuberante selva tropical cubierta por una espesa y verde masa forestal, los agricultores mayas habrían considerado el terreno tan desafiante e intimidante como un desierto. En todo caso, puede considerarse como un "desierto verde", porque tiene poca lluvia y casi nada de agua superficial. Además de eso, toda la península de Yucatán es una gran lámina de piedra caliza, por lo que el agua que llega a caer es absorbida por las plantas, o se drena inmediatamente en las rocas porosas y llenas de cuevas bajo los delgados suelos. Este tipo de paisaje es conocido por los geólogos como "topografía kárstica". Como en casi todas las selvas tropicales, los suelos de Yucatán eran pobres debido a que la mayoría de los nutrientes estaban encerrados dentro de los mismos árboles. Acostumbrados a las terrazas y los paisajes irrigados del sur, este desierto verde habría sido tan intimidante para los migrantes como cualquier desierto de arena y roca.

Con el tiempo, los descendientes de estos migrantes se esparcirían por todas las Tierras Bajas y fundarían grandes ciudades sobre la plataforma de piedra caliza, pero los primeros migrantes solo habrían podido establecerse en estas regiones en grupos pequeños y dispersos. Al principio, no tenían forma de saber todavía cómo extraer agua de los sumideros subterráneos llamados cenotes, y probablemente tomó varias generaciones producir nuevas variedades de maíz y otros cultivos más tolerantes a las hostiles condiciones.

---

26 Tales como la aldea de Cobá descrita en: *La vida bajo el dosel tropical: tradición y cambio entre los mayas yucatecos* por Ellen Kintz (1990). Casos de estudio en antropología cultural.

27 Especialmente la reciente Revolución Zapatista y la brutal Guerra de Castas de 1847-1855: *La Guerra de Castas de Yucatán* por Nelson A. Reed (2001). Stanford University Press.

28 *Vidas mayas, utopías mayas: Los pueblos indígenas de Chiapas y la rebelión Zapatista* por Jan Rus, Rosalva Aida Hernandez Castillo y Shannan L. Mattiace (eds.) (2003). Rowman and Littlefield.

Como resultado, esta primera oleada de habitantes se asentó en la única zona de relieve topográfico notable en toda la región: una línea de pequeñas colinas, llamada Puuc, que en maya-yucateco significa, precisamente, "sierra" o "cordillera de cerros bajos". La región se extiende sobre 7.500 kilómetros cuadrados. En la región de Puuc encontraron grutas, que eran antiguos sumideros que se habían derrumbado parcialmente y por ende crearon pozos de agua abiertos. Estos se complementarían más tarde, cortando cisternas llamadas *chultunes* en la roca caliza. En esta ubicación, los colonos pudieron recrear sus densas aldeas sureñas, que con el tiempo se convertirían en los núcleos de nuevas ciudades, la más importante de las cuales se convertiría en Uxmal. La importancia agrícola de la región se mantendría durante siglos, e incluso los españoles se referían a ella como el "granero" de su colonia, ya que producía dos cosechas de maíz al año.[29]

---

29 Pohl (1999), pp. 105-108

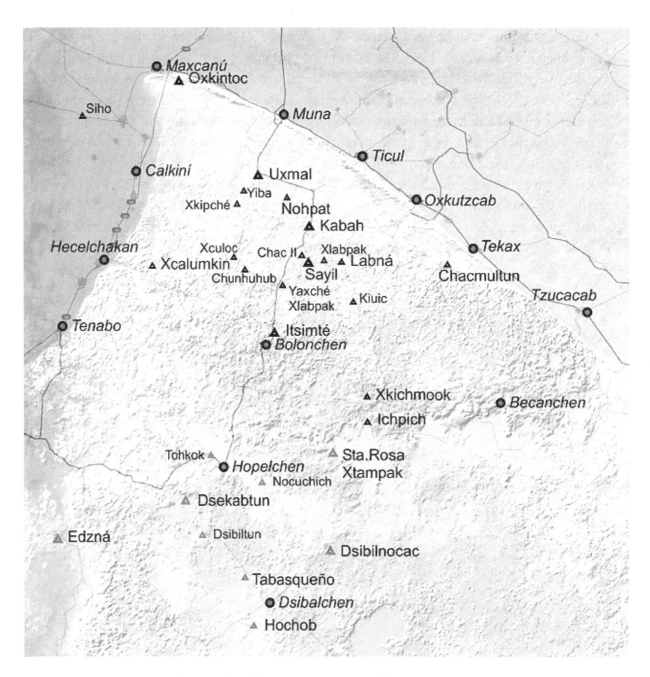

Mapa de sitios maya en la región de Puuc

Para muchos observadores y estudiosos modernos, resulta extraño que el sur colapsara mientras que el norte no, especialmente si se considera el hecho de que la agricultura en el sur era más rica y estable que en el norte. Sin embargo, fue en los lugares donde la vida urbana era la más estable, antigua y segura, que ocurrió el colapso. Mientras tanto, en las ciudades fronterizas de la región de Puuc –Uxmal la principal entre ellas–, la vida urbana maya continuó sin cesar durante los próximos siglos. ¿Cómo puede alguien explicar esta aparente paradoja de hambruna en las tierras ricas, y supervivencia (si no festín) en las pobres? En su libro *Colapso: Cómo las sociedades eligen fracasar o triunfar*, el autor Jared Diamond abordó esta pregunta y afirmó que existen varias causas. La primera es que las poblaciones eran mucho más densas en los viejos reinos del sur, por lo que los campesinos se vieron obligados a utilizar incluso las tierras más marginales para sus cultivos, y esto los hizo particularmente susceptibles al fracaso de las cosechas. Además, las tierras del sur –a diferencia de Yucatán– tenían capas freáticas muy profundas, lo que hacía impráctica la perforación de pozos.[30]

Al mismo tiempo, las economías de estas ciudades estaban en gran medida aisladas del transporte acuático fácil, ya que estaban en las Tierras Altas, y el comercio estaba especializado en torno a la importación de productos de élite para la glorificación del sistema dinástico. Yucatán, por su parte, no estaba vinculado al sistema dinástico y estaba cerca de las rutas comerciales (especialmente Chichén Itzá), y además, la gente aquí estaba dispuesta a exportar productos a granel e importar alimentos en tiempos de crisis. Juntas, estas circunstancias permitieron a las jóvenes ciudades puuc capear la tormenta del colapso maya

La era Puuc

Si un lector casual debería aprender algo sobre Uxmal en comparación con otras ruinas mayas, es que Uxmal fue la creadora y el pináculo del excepcional estilo Puuc. El estilo Puuc es definitivamente una forma maya de arquitectura, pero cambió muchas de las técnicas y suposiciones anteriores. Como se ha mencionado, el énfasis de la ciudad pasó de la veneración de las tumbas reales en la tradición del periodo Clásico, a la creación de palacios para los vivos en el estilo Puuc. Otro gran cambio fue en la decoración misma. Las tradiciones tanto del norte como del sur involucraban la creación de fachadas elaboradas, pero mientras que en el sur estas fachadas se construyeron moldeando estuco sobre roca desnuda, en Uxmal (y sus imitadores), los artesanos crearon las fachadas dando forma a miles de pequeñas baldosas geométricas que eran luego fijadas al exterior de los edificios, creando así artificiosos patrones[31].

---

30 Diamond (2005), pp. 157-177
31 Pohl (1999), p.106

Decoraciones tipo mosaico en el Cuadrángulo de las Monjas

Los edificios Puuc se definían por tener fachadas divididas en partes inferiores lisas y frisos decorados elaboradamente. Estos frisos eran decorados tanto con motivos geométricos como con mascarones de deidades, especialmente el dios de la lluvia, Chaac. Además de Uxmal, donde el estilo llegó a su pináculo en el Palacio del Gobernador, también estuvo presente en ciudades cercanas de la región de Puuc como Kabáh, Labná y Sayil. El estilo también está presente en áreas más antiguas de Chichén Itzá, como el anexo de las Monjas (sin conexión al Cuadrángulo de las Monjas en Uxmal) y las primeras formas de la pirámide llamada El Castillo.[32]

Puede argumentarse que una de las formas en que Uxmal rompió de manera más impresionante con la tradición clásica fue su rechazo del dinastismo. A diferencia de sus predecesoras del sur, a quienes copió tan diligentemente en otros asuntos, Uxmal no mantenía monumentos diseñados para elevar y venerar a una dinastía gobernante; no hay grandes templos dedicados a líneas reales (como la Acrópolis Norte de Tikal) o elaboradas estelas talladas que detallan los pedigríes reales y los actos de los reyes. El Palacio del Gobernador era aparentemente un lugar de gobierno, pero no un palacio real, y la ciudad tenía una serie de complejos de élite que deben haber estado

---

32 "Uxmal" en la *Enciclopedia Británica Online*. Accesible en línea en:
  http://www.britannica.com/EBchecked/topic/620988/Uxmal#ref225522

habitados por familias rivales. A este gobierno mediante consejo se hizo referencia más adelante, durante la Liga de Mayapán y a principios del periodo colonial, como "Mul Tepal" ("gobierno conjunto"). Oficialmente, los registros de la ciudad señalan a un fundador de la ciudad, Hun-Uitzil-Chac, pero no se sabe nada más sobre él además de su nombre, y puede haber sido creado por las familias élite en una fecha muy posterior.[33]

Hay un eco de este sistema Mul Tepal en Uxmal, en un cuento popular registrado en el siglo XIX y conocido como la "Leyenda del Enano". La historia cuenta que una anciana incubó un huevo mágico y encontró un bebé humano dentro, pero el niño nunca creció al tamaño de un adulto, sino que siguió siendo un enano. Los enanos tienen un lugar especial en los mitos mesoamericanos como figuras que mezclan los límites entre el mundo humano y el sobrenatural, por lo que la madre adoptiva de este enano insistió en que él debía convertirse en rey. El enano fue forzado a un desafío físico contra el rey, pero cuando el enano triunfó, el enojado soberano insistió en que el enano construyera la más poderosa estructura en la ciudad, de la noche a la mañana, o sería ejecutado. A la mañana siguiente, la ciudad quedó impresionada con la construcción de la Pirámide del Adivino (También llamada Pirámide del Enano). El enano luego mató al rey y ascendió al trono.[34]

Si bien la Pirámide del Adivino definitivamente no se construyó en una noche y se construyó en una serie de etapas cada vez mayores, el relato puede explicar las luchas por el poder en la gran ciudad. En la ciudad-estado maya clásica, la sola idea de que alguien pudiera desafiar al rey por su trono nunca se consideró, y aunque ciertamente hubo luchas, fueron entre miembros de las líneas dinásticas existentes y nunca se formalizaron o ritualizaron. En Uxmal, sin embargo, puede haber habido algo como una confederación de familias de la élite que competían por la posición gobernante. Esta no era una tradición real clásica pero puede haber surgido de las raíces más humildes de Uxmal y otros asentamientos Puuc, y el relativo igualitarismo de las comunidades campesinas de las que provinieron.

Dicho esto, para cuando Uxmal se convirtió en una ciudad propiamente, cualquier signo de este igualitarismo era puramente vestigial. En cambio, puede ser que a partir de los años 750, Uxmal pudiera compararse con la República romana bajo los primeros césares: oficialmente una república con un guiño a la ciudadanía común, pero en la práctica una monarquía elegida, dominada por los poderosos patricios de la élite en la ciudad capital.

De este periodo de gloria y poder surge un solo nombre. De hecho, es el único nombre de un monarca en Uxmal (aparte del nombre del fundador) que ha sobrevivido en el registro escrito: Chan Chac K'ak'nal Ajaw, más comúnmente conocido en la época moderna como el "Señor

---

33 "Señores de los mayas del norte: historia dinástica en las inscripciones de Uxmal y Chichén Itzá" por Jeff Karl Kowalski en *Expedition Magazine*. Vol 27 No 3 de noviembre de 1985. Recuperado en línea de: http://www.penn.museum/sites/expedition/lords-of-the-northern-maya/
34 El cuento se relata con mayor extensión en: *Los mitos de México y Perú* por Lewis Spence. 1913 (2005). Barnes and Noble Books, pp. 167-168

Chac". El Señor Chac ascendió al trono de jaguar de dos cabezas de Uxmal (de hecho, los académicos han encontrado una imagen de él sobre el trono) aproximadamente en el año 875 y gobernó hasta el 910. Bajo el Señor Chac, la ciudad surgió, y pasó de ser uno entre los muchos pueblos rivales en las colinas de la región de Puuc, al poder político preeminente e indiscutible. Durante este periodo, se crearon las formas actuales tanto del Cuadrángulo de las Monjas y el Templo del Adivino, y el Palacio del Gobernador y la cancha principal de juego de pelota se construyeron completamente. Basado en inscripciones en otros asentamientos, parece que el Señor Chac también condujo sus ejércitos a la victoria, incluida la conquista de la vecina Kabáh y la construcción de una impresionante carretera elevada de 11 km que conecta a las dos.

Otra inscripción sobreviviente señala su ascendencia. Según ese registro, sus padres eran el Señor Chaac Uinal Kan y la Señora "Hueso", pero no hay indicio alguno de que el Señor Chaac Uinal Kan también ocupara el trono de jaguar de dos cabezas. Puede ser que su madre viniera de una familia noble en Chichén Itzá (que en este periodo estaba en auge), pues hay una alusión a esa ciudad en conjunción con su nombre, pero no se conoce su significado exacto. Dicho esto, las alianzas consolidadas de esta manera mediante matrimonio no eran poco comunes entre las élites, y puede haber sido una de las razones por las que él pudo consolidar el poder.[35]

El reinado del Señor Chac es significativo no solo para Uxmal –fue indudablemente el momento de mayor gloria para la ciudad– sino para el mundo maya en general. Para el momento de su muerte en 910 EC, todas las grandes ciudades clásicas habían caído. El último monumento fue erigido en Tikal en el año 889 EC, el palacio real de Copán fue incendiado en 850 EC, Dos Pilas había sido convertida en un campamento armado para un señor bandido, y Palenque había estado en silencio durante más de un siglo[36]. Las estelas erigidas para conmemorar al Señor Chac son los últimos monumentos para un verdadero rey maya clásico, así que su muerte sirve como el fin del periodo Clásico. Por supuesto, eso no quiere decir que Uxmal desapareciera, pero sí se volvió subordinada durante un largo periodo de tiempo, al vivir bajo la sombra de Chichén Itzá en el norte. La última construcción dentro del centro ceremonial de Uxmal se concluyó en el 925 EC.[37]

La aparente falta de reyes en el registro de Uxmal ha llevado a algunos a creer que la ciudad estaba en realidad gobernada por su figura más comúnmente representada: Chaac, el dios de la lluvia (también escrito Chaak, Chac y Chak). De hecho, es imposible discutir el estilo Puuc sin hacer referencia a los omnipresentes mascarones de Chaac que salpican las superficies horizontales, y la imagen del dios es bastante distintiva; tiene ojos "saltones", una nariz con forma de trompa y a menudo como boca unas fauces abiertas y llenas de dientes.[38]

---

35 Kowalski (1985)

36 Para más información sobre el colapso maya desde una perspectiva del sur, consulte: *Tikal: La historia de la famosa capital de los antiguos mayas* por Jesse Harasta (2014). Charles Rivers Editors.

37 *La crónica de los reyes y reinas mayas: Descifrando las dinastías de los antiguos mayas* por Simon Martin y Nikolai Grube (2000). Thames and Hudson, p.227.

38 Por ejemplo: http://www.flickr.com/photos/tom_martin/4151711134/

Figurilla que representa a Chaac

Chaac es un dios antiguo que fue llevado a Yucatán por los primero migrantes, pero los orígenes de la deidad durante el periodo Clásico están abiertos a debate. Se ha argumentado que Chaac fue llevado originalmente a las tierras mayas por invasores de Teotihuacán, cerca de lo que hoy es Ciudad de México. Teotihuacán conquistó Tikal y otras ciudades de las Tierras Altas en el siglo IV EC, y la ciudad adoraba a un dios similar llamado Tláloc. A su vez, Tláloc quizás vino de una deidad de la lluvia, de grandes ojos y boca con colmillos, llamada "Jaguar Bebé" por los arqueólogos y adorada por los olmecas de Veracruz desde el año 1500 AEC[39]. Chaac era entonces un dios de la Antigüedad que tenía una resonancia poderosa con los mayas para cuando construyeron la ciudad de Uxmal, y no es sorprendente en una ciudad cuya agricultura dependía tanto de que lloviera regularmente (y en una región que experimentaba una sequía prolongada), que hicieran preeminente a esta deidad en sus ritos religiosos.[40]

Chichén Itzá y el eclipse de Uxmal

El tiempo de Uxmal en la cúspide fue relativamente corto, tras la muerte del Señor Chac, la ciudad no fue abandonada como tantas de las ciudades del sur, pero entró en un largo periodo de inactividad. No se construyó ningún edificio monumental, no se conmemoró ningún rey, y la ciudad no parece ser mencionada en las inscripciones de sus vecinas.

El nuevo poder en la región era Chichén Itzá, una ciudad de las Tierras Bajas que aprovechó varios pozos naturales profundos llamados cenotes y un monopolio sobre la producción local de sal. Originalmente un pequeño estado maya que sobrevivió en la oscuridad durante varios siglos, fue solo después del colapso de la sociedad maya clásica que Chichén Itzá explotó en la escena. Apalancando su producción de sal, pudo comandar rutas comerciales que la conectaban con el Imperio tolteca en el centro de México. Mientras que Uxmal dominaba el interior central de Puuc, los itzaes de Chichén miraban hacia el mar.

Es posible que las dos fueran aliadas a principios del periodo, pues hay evidencia de que la madre del Señor Chac estaba asociada con Chichén, y no hay evidencia de que el ascenso de Chichén Itzá estuviera acompañado de conflicto con Uxmal, una ocurrencia común cuando una ciudad maya desplazaba a otra. Además, los primeros edificios en Chichén parecen estar inspirados en Uxmal. Por consiguiente, es posible que después del año 925, Uxmal se convirtiera en una especie de socio menor, con sus cada vez más venerables edificios y su firme dedicación al culto de Chaac.[41]

---

39 *Teotihuacán: La historia de la ciudad más grande de la antigua Mesoamérica* por Jesse Harasta (2014). Charles Rivers Editors.

40 "Chac" en la *Encyclopedia Mythica* por Henk Jan van Scheicoven (1997). Accesible en línea en: http://www.pantheon.org/articles/c/chac.html y "Chac" en el *Mythology Dictionary* (2012). Accesible en línea en: http://www.mythologydictionary.com/chac-mythology.html

41 *Chichén Itzá: La historia y misterio de la ciudad más famosa de los mayas* por Jesse Harasta (2013). Charles Rivers Editors.

De cualquier manera, la situación cambió fundamentalmente a fines del siglo IX y principios del X, cuando las élites de Chichén Itzá adoptaron tradiciones culturales no mayas, importadas del Imperio tolteca (ubicado en el actual centro de México). El cambio más obvio que puede encontrarse hoy es en el estilo arquitectónico, pues la principal pirámide puuc fue cubierta con una nueva capa completamente basada en diseños toltecas. Chichén Itzá también parece haber importado sociedades guerreras toltecas, una parte central del estado tolteca, así como el culto al dios Kukulkán. Existe una teoría alternativa de que los toltecas conquistaron Yucatán, pero no hay pruebas contundentes de conquista como sí las había de la conquista de Tikal por parte de Teotihuacán, por lo que se ha descartado en gran medida.[42]

En todo caso, gracias a la adopción de elementos culturales toltecas, las élites del nuevo sistema cosmopolita parecen haberle dado la espalda a la tradición maya, y en cambio adoptaron lo que pudo haber sido visto como una prestigiosa cultura internacional, una asociada con productos exóticos, riqueza y nuevas ideas religiosas fascinantes. Esto fue quizás parecido a las formas en que las cortes europeas lejanas a París adoptaron la lengua y cultura francesas en el siglo XVIII para así relacionarse con los estándares de la alta sociedad internacional.

En el corazón de la nueva cultura estaba el culto a la Serpiente Emplumada, un dios pan-mesoamericano llamado Kukulkán entre los mayas y Quetzalcóatl en el centro de México. Considerada como una deidad creadora que protegió el mundo y le dio a la humanidad el don de la civilización, y también como un hombre mesiánico que vino a la Tierra y fue expulsado por un hechicero depravado, su historia resonó en todo el territorio que hoy es México. Su centro de culto original fue la capital tolteca de Tula, pero con el tiempo, Chichén se convirtió en un centro alternativo para el culto y la peregrinación, volviéndose el corazón de la nueva religión.

También hay algo de evidencia del culto a Kukulkán en Uxmal. La serpiente emplumada aparece tallada en los frisos del Cuadrángulo de las Monjas, que fue construido durante el reinado del Señor Chac, pero la deidad nunca tuvo la importancia que tuvo en Chichén. Así como Uxmal es la ciudad de Chaac –su rostro está en todos lados y el rey más grandioso de la ciudad tomó su nombre–, Chichén llegó a asociarse con Kukulkán. Al mismo tiempo, el culto a Chaac parece haber sido eclipsado en los corazones de los mayas por la nueva religión, si bien esto no significa que la fe en Chaac desapareciera por completo. El politeísmo maya permite la adoración de numerosos dioses, por lo que Chaac tal vez solo tomó un puesto secundario ante Kukulkán. Por otro lado, es posible que los antes ascendientes sacerdotes de Chaac estuvieran amargados por su nueva posición y buscaran derribar a Kukulkán de su pedestal.

---

42 "Kukulkán" y "Quetzalcóatl" en la *Encyclopedia Mythica*. Accesible en línea en: http://www.pantheon.org/. "Kukulcán" en el *Mythology Dictionary*. Accesible en línea en: http://www.mythologydictionary.com/kukulcan-mythology.html

Representación de la deidad en El Castillo en Chichén Itzá

Revolución y la Liga de Mayapán

Aproximadamente en 1179, la ciudad hermana de Chichén, Tula, en la tierra natal de los toltecas, fue saqueada por invasores del norte, así como también la ciudad portuaria del norte, El Tajín[43], que había sido enlace entre ambas. Básicamente, se cortaron las rutas comerciales que sostenían el poder de Chichén. Ya presionado por estas pérdidas, el clan Itzá gobernante de Chichén Itzá aparentemente comenzó a aplicar mayor presión económica sobre sus pueblos súbditos, quizá para adquirir reservas de comida durante crisis, quizá para defender sus fronteras de enemigos ahora olvidados, o quizá solo para mantener sus lujosos estilos de vida. El efecto, sin embargo, fue una mayor presencia de mercenarios ostensiblemente extranjeros y cada vez más detestados en las calles de la ciudad. Estos "mercenarios" pueden haber sido refugiados toltecas que se alojaban con sus compañeros co-religiosos y miembros de las mismas sociedades guerreras, o pueden haber sido mercenarios literales llevados a la región.

De cualquier manera, el escenario estaba preparado para la revuelta, y la revolución llegó en forma de una extraordinaria figura llamada Hunac Ceel. Un general militar y presumiblemente miembro de una familia de la élite de la ciudad de Telchaquillo en el interior, Hunac Ceel intentó derrocar a la dinastía Itzá utilizando fuerzas internas. Su primer intento, probablemente a

---

43 Los huastecas que construyeron El Tajín y cerraron la brecha entre Tula y Chichén estaban ubicados en el centro de México, pero estaban relacionados étnica y lingüísticamente con los mayas.

principios del siglo XIII, fue un rotundo fracaso, y cuando su ejército fue destrozado, él mismo fue capturado. Los líderes de la ciudad, incluido el Itzá gobernante Ah Mex K'uuk, determinaron que debía ser ejecutado, de modo que fue sacrificado como una ofrenda a Chaac y arrojado al Cenote Sagrado de la ciudad, dedicado al dios de la lluvia. Para sorpresa de todos, sin embargo, Hunac Ceel emergió vivo al día siguiente con profecías que, afirmaba él, venían de Chaac, y cuando sus profecías se hicieron realidad, Ah Mex K'uuk (temiendo su poder) lo envió de regreso al interior para que gobernara una ciudad periférica. Hunac Ceel viajó a través del corazón de la antigua tierra Puuc y reunió fuerzas hasta que condujo un segundo ataque contra Chichén Itzá. Esta vez tuvo éxito en derrotar a los itzaes, y empujó a los sobrevivientes hacia la actual Guatemala. Tras derrotar a Chichén Itzá, estableció una nueva capital para su gobierno revolucionario (la "Liga") en la ciudad de Mayapán.[44]

Por supuesto, como sugiere la naturaleza fantástica de la historia, hay mucho debate sobre la naturaleza real de esta revolución. Es tentador verla como una forma de nacionalismo por parte de los mayas, quienes finalmente tenían la oportunidad de derrocar a odiados gobernantes extranjeros y establecer una vez más un gobierno verdaderamente maya. Sin embargo, los cuentos populares pintan una imagen de lucha dentro de la élite, por lo que se han sugerido toda clase de teorías alternativas. Quizás a un príncipe maya anónimo (¿Hunac Ceel?) le fue negada la mano de la hija del gobernante de Chichén (¿Ah Mex K'uuk?), por lo que el príncipe lideró un ejército que capturó a su amada y destruyó su ciudad natal.

Sea como fuere, los habitantes de Mayapán pudieron formar un Mul Tepal (gobierno conjunto) intercomunal, con familias de las élites de todas las ciudades rebeldes uniéndose en un consejo en la nueva ciudad. Mayapán fue, por ende, no un centro de comercio internacional como lo había sido Chichén Itzá, sino en cambio una capital política planificada (como lo es la actual Washington D.C) con mansiones para cada una de las familias para cuando vinieran a la corte. Los descendientes de Hunac Ceel eran conocidos como la dinastía Cocom o de los cocomes, y cuando llegaron los españoles, todavía gobernaban sobre un pequeño reino ubicado alrededor de la ciudad de Sotuta entre las ruinas de Mayapán y Chichén Itzá.

Los cocomes, sin embargo, no eran la única familia prominente dentro de la Liga, aunque puede ser que tuvieran una posición ceremonial permanente a la cabeza. Para el momento de la colonización española, la Liga se había fracturado, y de sus ruinas se habían formado dieciséis reinos menores, por lo que es posible que haya habido igual número de familias poderosas representadas en la Liga. Los más importantes, sin embargo, fueron los xiues, o Tutul Xiues, quienes eran los gobernantes de Uxmal.

Los orígenes exactos de los xiues son algo vagos, pero la familia ha mantenido una tabla genealógica desde la antigüedad que afirma incluir a Hun-Uitzil-Chac, el mítico fundador de

---

44 "Capítulo 2: El ascenso de Hunac Ceel al poder", del *Chilam Balam*. Accesible en línea en:
    http://www.bibliotecapleyades.net/chilam_balam/cbc07.htm

Uxmal. Por supuesto, el hecho de que ellos hagan tal afirmación de lazo sanguíneo, si bien es interesante sociológicamente, difícilmente confirma su veracidad. Es mucho más probable que esta conexión fuera inventada por generaciones posteriores para justificar el poder que ya habían tomado[45]. Lo que se sabe es que al momento del ascenso de Hunac Ceel, los xiues estaban firmemente en el poder en Uxmal, y que al parecer ellos le entregaron la ciudad a la Liga. Su participación, en términos tanto materiales como simbólicos, fue tan crucial que parece que se les confirió el estatus de segunda familia en la Liga.[46]

El nuevo orden establecido por Hunac Ceel y sus aliados xiues parece no solo haber desplazado a Chichén Itzá, sino también el orden cultural de influencia tolteca que había creado. Por ejemplo, los arqueólogos han señalado que la otrora popular cerámica de estilo tolteca fue reemplazada por estilos mayas conscientemente tradicionales que hacía mucho habían pasado de moda[47]. También puede que hubiera una dimensión religiosa en este cambio. Por un lado, el culto a Kukulkán no cesó; de hecho, el sumo sacerdote del dios fue simplemente sacado de Chichén y llevado a una nueva pirámide en Mayapán (una versión más pequeña de la pirámide de El Castillo), donde continuó presidiendo como antes[48]. Al mismo tiempo, sin embargo, parece que hubo un aspecto religioso en la revuelta, dado que Hunac Ceel recibió sus visiones proféticas de Chaac, viajó a la ciudad de Chaac (Uxmal) buscando apoyo, y hubo un reavivamiento general del culto a Chaac. A diferencia del culto a Kukulkán, la adoración de Chaac ha continuado hasta hoy en día entre los campesinos yucatecos.

Finalmente, como las estructuras de poder anteriores, la Liga se hizo pedazos, y el misionero español Diego de Landa describió la situación unos tres siglos después: "El gobernante de los cocomes comenzó a codiciar riquezas, y con ese fin negoció con la guarnición que mantenían los reyes de México en Tabasco y Xicalango, que él pondría a la ciudad a su cargo. De esta forma, introdujo a los mexicanos en Mayapán, oprimió a los pobres e hizo esclavos de muchos".[49]

Esto puede sonar como una repetición de la caída de Chichén, pero hay diferencias. En primer lugar, Mayapán nunca dominó Yucatán económica o religiosamente como sí lo hizo Chichén; puede que los cocomes hayan deseado el poder de la manera en que lo tenían los itzaes, pero parecen siempre haber temido por su fuerza. Además de, posiblemente, usar mercenarios los cocomes construyeron muros fuertes en torno a Mayapán. Ninguna ciudad maya se había amurallado así antes, lo que lleva a los historiadores a asumir que los cocomes se sentían particularmente vulnerables en su capital. Esto al parecer fue por buena razón, puesto que Landa

---

45 Kowalski (1985)

46 *Mayapán: Historia de la capital maya* por Jesse Harasta (2014). Charles Rivers Editors.

47 "Supervivencia y renacimiento de las tradiciones del Clásico Terminal en la Mayapán posclásica", por Susan Milbrath y Carlos Peraza Lope (2009). En la revista *Latin American Antiquity* 20(4) 581-606 recuperado en línea de: http://www.jstor.org/discover/10.2307/40650048?uid=3739832&uid=2&uid=4&uid=3739256&sid=2110326328 1091

48 de Landa 1566 (1978), pp. 10-11

49 de Landa 1566 (1978), pp. 15-16

–quien, debe decirse, era un aliado cercano de los xiues– señaló que "el señor de los Tutul-xiu nunca dio su consentimiento a [los mercenarios] (…) los jefes se unieron al grupo de Tutul-xiu, un hombre patriótico como sus antepasados, y planearon matar a Cocom. Esto hicieron, matando al mismo tiempo a todos sus hijos, excepto a uno que estaba ausente[50] (...)". Esto probablemente ocurrió alrededor de 1450 EC.

Tal vez los tutul xiues habían tenido la esperanza de poder ascender al poder en la Liga tras la caída de los cocomes, pero si así fue, quedaron muy decepcionados. La Liga se destruyó para siempre, y los líderes de la revolución pronto regresaron a sus propios centros de poder y comenzaron a luchar entre sí. Además, fue durante este periodo que Uxmal fue finalmente abandonada. No está del todo claro por qué, pero en todo el norte de Yucatán en este punto, las grandes ciudades estaban en declive terminal, incluidas Uxmal, Mayapán y Chichén Itzá. Las guerras civiles pueden haber detenido el comercio de larga distancia, el alma de muchas ciudades, y haber interrumpido el suministro local de alimentos. Ejércitos tal vez saquearon los asentamientos y los plebeyos huyeron a las fortalezas de sus señores. La fortificación de Mayapán puede haber significado que estas guerras internas quizás comenzaron mucho antes del colapso oficial de la Liga.

Cualquiera sea el caso, la familia de los xiues dejó Uxmal para establecerse en la ciudad de Maní, que estaba ubicada al este de Uxmal en las estribaciones de la región de Puuc. Los xiues continuaron gobernando sobre el antiguo corazón del territorio de Uxmal, incluyendo a la ciudad misma, Kabáh, Sayil, Labná y las otras ciudades puuc antiguas[51]. De hecho, los xiues continuaron peregrinando regularmente a Uxmal y la reconocían como su antigua sede del poder, pero el mundo maya había cambiado para siempre, y Uxmal –si bien aún venerada– nunca volvió a estar habitada permanentemente.

El abandono y redescubrimiento de Uxmal

Uxmal continuó siendo venerada entre los mayas, pero todo cambió en 1521, cuando Hernán Cortés desembarcó en la península de Yucatán. Si bien Cortés no se demoraría –tenía al imperio azteca que conquistar– fue solo el primer conquistador en llegar a la región, y los españoles establecieron asentamientos en la costa e invadieron Yucatán en 1528 y de nuevo en 1535. Fue solo en 1542 que tuvieron éxito, y eso fue porque el astuto líder de los xiues en Maní decidió aprovechar la presencia española para crear una alianza. Este pacto con el diablo ayudó a los xiues a corto plazo, ya que pudieron dominar la política local y recrear la unidad maya, pero la última dinastía yucateca independiente cayó en 1546[52]. En su lugar, fueron puestos bajo la cada vez más fanática jurisdicción del obispo Diego de Landa, quien en 1562, furioso por lo que veía como herejía traidora de sus propios conversos, recolectó todos los libros mayas que pudo

---

50 de Landa 1566 (1978), p. 16
51 de Landa 1566 (1978), p. 137
52 Martin y Grube (2000), pp. 229-230

conseguir y los quemó en la plaza central de Maní. Tuvo bastante éxito para sus estándares, pues solo sobrevivieron tres textos mayas conocidos.

Después de la toma de posesión española, los xiues fueron convertidos al catolicismo y abandonaron sus rituales en Uxmal, pero quizás no todos sus súbditos estaban tan dispuestos, porque los españoles reportaban ocasionalmente encontrar incienso y ofrendas en las ruinas de los templos bastante entrado el periodo colonial. A lo largo de ese periodo, turistas españoles ocasionales visitaron Uxmal, suficientes como para que los no mayas nunca la olvidaran completamente, pero no tanto como para despertar interés internacional.

El mundo exterior solo prestó atención y se interesó debido al notable trabajo de dos académicos de habla inglesa: Catherwood y Stephens. Su obra, *Incidentes de viaje en América Central, Chiapas y Yucatán* (1843), fue una sensación internacional y se ajustaba a un creciente interés en las ciudades perdidas de Occidente[53][54]. No obstante, la región no estuvo disponible para investigación durante la mayor parte del siglo XIX porque la revolución maya y la brutal Guerra de Castas la encendieron en llamas.[55]

Esa situación cambió con el tiempo, y en 1893, un equipo arqueológico de Harvard que trabajaba en Uxmal creó moldes de varios de los edificios más prominentes, incluyendo fachadas del Palacio del Gobernador. Estos moldes se desmantelaron y se enviaron a Chicago, donde fueron reconstruidos para la famosa Exposición Mundial Colombina (también conocida como la Feria Mundial o la "Ciudad Blanca"). Estas fachadas fueron visitadas por miles de espectadores, entre ellos varios arquitectos estadounidenses, uno de los cuales fue el innovador Frank Lloyd Wright. Posteriormente, Wright adoptó muchos elementos del estilo Puuc –incluso mascarones de Chaac– en varios de sus edificios. Este estilo, llamado el Renacimiento Maya, alcanzó su cenit con la construcción de la Casa Charles Ennis y la Casa Aline Barnsdall.[56]

A partir de entonces, Uxmal ha sido simultáneamente un destino arqueológico y turístico, en parte debido a su extraordinaria arquitectura, pero también por su accesibilidad para quienes visitan la ciudad de Mérida. El gobierno mexicano tomó un interés particular en su herencia antigua después de la Revolución Mexicana (que terminó en 1920), y las ruinas fueron declaradas patrimonio del Estado y se les dieron protectores e intérpretes oficiales. Este estatus se reforzó aún más en 1996, cuando la UNESCO reconoció a Uxmal como uno de sus Sitios del Patrimonio Mundial, posiblemente el galardón más prestigioso que se puede otorgar a un sitio antiguo en la actualidad.[57]

53 "John Lloyd Stephens y Frederick Catherwood: Explorando la tierra de los mayas" por Nicoletta Maestri. Accesible en línea en: http://archaeology.about.com/od/mayaresearchers/a/Stephens-and-Catherwood.htm
54 "Litografías de Frederick Catherwood". Accesible en línea en: http://www.casa-catherwood.com/catherwoodinenglish.html
55 *La Guerra de Castas de Yucatán* por Nelson A. Reed (2001). Stanford University Press, p.154.
56 Pohl (1999), p. 107
57 "Ciudad prehispánica de Uxmal" en la Lista del Patrimonio Mundial de la UNESCO, accesible en línea en: http://whc.unesco.org/en/list/791

Como resultado, más de un milenio después de su florecimiento, Uxmal es una extraordinaria ciudad montañosa que es visitada y estudiada por multitudes de todas partes del mundo, y es aún atesorada en los corazones de los mayas y los mexicanos en general. Además, continúa siendo restaurada gradualmente, con una investigación cuidadosa que ha conducido a la reconstrucción de estructuras importantes. Sin lugar a duda, este trabajo continuo dará nuevos frutos e ideas en los años venideros, y hay todavía mucho por aprender acerca de estas hermosas y enigmáticas ruinas.

Ilustraciones del siglo XIX donde se aprecia Uxmal

Cronología de eventos en el periodo Posclásico en Yucatán

455 EC	Fundación del primer asentamiento en Chichén Itzá (est.)
750 EC	Fundación de la ciudad de Uxmal (est.)
750 - 900 EC	Colapso de los estados mayas clásicos en el sur
850 EC	Comienzo del estilo Puuc (est.)
875-900 EC	Reinado del Señor Chac en Uxmal
875-880 EC	Pináculo del estilo Puuc en Yucatán
925 EC	Fin del poder real en Uxmal Fin del periodo Clásico Maya
Med. s. X	Culminación de la última fase de la Pirámide del Adivino en Uxmal
Final s. X	Chichén es el poder dominante en Yucatán, Uxmal eclipsada
Inicio s. XI	Chichén es gobernada por líderes de influencia tolteca
Siglo XII	Primeros pequeños asentamientos en Mayapán
1179	Caída de la ciudad tolteca de Tula (est.)
Inicio 1200	Fundación de Maní por los Xiu (est.)
1221	Visión de Hunac Ceel
1222	Conquista de Chichén por Hunac Ceel Fundación de Mayapán como la capital
1441	Caída de los cocomes y destrucción de Mayapán, Uxmal comienza su declive final
1521	Cortés se detiene en la costa maya de camino a México
1528 y 1535	Primera y Segunda invasiones españolas
1542	Conquista Española de Maní y la Alianza xiu-española
1546	Las últimas ciudades yucatecas caen ante los españoles
1562	El Gran Auto de Fe en Maní, destrucción de la cultura élite maya
1840s	Catherwood y Stephens visitan Uxmal y otras ciudades Los mayas liderados por cocomes e itzaes se levantan contra México
Década 1890	Expedición de la Universidad de Harvard estudia el sitio y lleva moldes a la Feria Mundial de Chicago de 1893, despertando atención internacional
1909	Sylvanus Morley mapea Uxmal
1975	Inauguración de exhibición nocturna de luces y sonido
1996	Inscripción del sitio en la Lista del Patrimonio Mundial de la UNESCO

Bibliografía

Dunning, Nicholas P. (2006). "Long twilight or new dawn? Transformation of Maya civilization in the Puuc region"[¿Largo crepúsculo o nuevo amanecer? Transformación de la civilización maya en la región de Puuc]. En Nikolai Grube (ed.). Maya: Divine Kings of the Rain Forest [Maya: Reyes Divinos de la Selva Tropical]. Eva Eggebrecht y Matthias Seidel (asistentes eds.). Colonia, Alemania: Könemann. pp. 323–337. ISBN 978-3-8331-1957-6. OCLC 71165439.

Restall, Matthew (1997). The Maya World. Yucatecan Culture and Society, 1550–1850 [El mundo maya. La cultura y sociedad yucatecas]. Stanford: Stanford University Press. ISBN 978-0-8047-3658-9.

Schele, Linda; y David Freidel (1992). A Forest of Kings: The Untold Story of the Ancient Maya [Un bosque de reyes: la historia no contada de los antiguos mayas] (ed. Reimpresa pbk). Nueva York: Harper Perennial. ISBN 0-688-11204-8. OCLC 145324300.

Stephens, John L. (1841). Incidents of Travel in Central America, Chiapas, and Yucatan [Incidentes de viaje en América Central, Chiapas y Yucatán]. En 2 vols. Frederick Catherwood (ilust.). Nueva York: Harper & Brothers. OCLC 863468.

Wagner, Elizabeth (2006). "Maya Creation Myths and Cosmography" [Cosmografía y mitos de la creación mayas]. En Nikolai Grube (ed.). Maya: Divine Kings of the Rain Forest [Maya: Reyes Divinos de la Selva Tropical]. Eva Eggebrecht and Matthias Seidel (asistentes eds.). Colonia: Könemann. pp. 280–293. ISBN 3-8331-1957-8. OCLC 71165439.

Made in the USA
Las Vegas, NV
21 December 2023